Faculté de Droit de Paris.

THÈSE
POUR LA LICENCE.

L'Acte public sur les matières ci-après sera soutenu,
le jeudi 23 mars 1854, à dix heures,

Par Léon-Eugène BOULANGER, né à Nogent-le-Rotrou
(Eure-et-Loire).

Président : M. DURANTON, Professeur.

Suffragants :
MM. DEMANTE,
ROYER-COLLARD, } Professeurs.
OUDOT,
COLMET DE SANTERRE, Suppléant.

*Le Candidat répondra en outre aux questions qui lui seront faites
sur les autres matières de l'enseignement.*

PARIS.
VINCHON, FILS ET SUCCESSEUR DE Mme Ve BALLARD,
Imprimeur de la Faculté de Droit,
RUE J.-J. ROUSSEAU, 8.

1854.

A MON PÈRE, A MA MÈRE,

Reconnaissance et amour.

A MA FAMILLE.

A MES AMIS.

JUS ROMANUM.

DE SPONSALIBUS.

I. Sponsalia (quæ quidem dicta sunt a spondendo) sunt mentio et repromissio nuptiarum futurarum.

Parvi refert per se et coram an per internuntium, vel per epistolam consensisse, dummodo si absentes sciant sponsalia fieri, aut postea ratum habuerint.

Oportet adhuc patresfamilias sponsalibus consentire.

Si de pupilla agitur, nec inter tutorem et matrem et propinquos de marito eligendo convenerit, arbitrium præsidis provinciæ necessarium est.

Sponsalia a primordio ætatis effici possunt, dummodo sponsi minores non sint quam septem annis.

II. Sponsalia dissolvuntur aut morte, aut renuntiatione, aut lapsu biennii.

Moris erat ut sponsæ patrive ejus arrhæ darentur.

Comitari etiam sponsalia solebant donationes quas sponsus paterve ejus in sponsam conferebat, et interdum vicissim ; quæquidem sicut et arrhæ valebant si culpa donatoris nuptiæ non sequerentur.

Donatio propter nuptias, quæ constante matrimonio perficitur, major non vero minor quam dos esse potest; sed ex constitutione Leonis, si inæquales partes pacti sint, valet utrumque pactum intra minorem duntaxat partem. Novella autem XCVII, vetatur ne donatio propter nuptias dotem excedat, nec dos donationem propter nuptias.

Res quas uxori ante aut propter nuptias vir donavit, non potest, etiam consentiente uxore, alienare vel pignerare, nisi alienatio vel pigneratio post biennium confirmetur et alia bona mariti mulieri satisfacere possint.

DE RITU NUPTIARUM.

I. Nuptiæ sunt conjunctio maris et fœminæ et consortium omnis vitæ, divini et humani juris communicatio.

II. Non possunt consistere nisi consentiant qui coeunt, quorumque in potestate sunt.

Sed invitam libertam ducendi causa manumissam, patronus nubere potest.

Pariter is cujus pater captus est, vel qui ita absit ut ignoretur ubi sit et an sit, post triennium uxorem ducere potest.

Imo nuptiæ valent cum filius sive filia tali nubetur cujus conditionem certum sit patrem non repudiaturum.

Hoc jus porrectum est ad filium mente capti vel furiosi.

Nepote uxorem ducente, filius ipse consentire debet, non ita vero neptis.

Tandem viduis viginti quinque annis minoribus, ut ad secundas nuptias conveniant, consensu patris opus est.

Item adulta minor, sine arbitrio matris aut propinquorum, patre mortuo nubere non potest.

Imo si sui juris sit puella minorque consensu patris quoque opus est. Item in conjunctione filiæ in sacris positæ, patris expectetur arbitrium.

III. Qui injuria liberos prohiberet ducere uxorem vel nubere, per præsidem cogitur in matrimonium collocare et dotare.

IV. Ad substantiam nuptiarum instrumenta non requiruntur.

Sicut instrumenta, ita nec pompa, nec celebritas nuptiarum necessaria est.

In quibusdam tamen casibus instrumentum dotale, aut declaratio testium desideratur.

Item ad nuptiarum formam, nec concubitus requiritur.

V. Connubium habent cives romani cum civibus: cum peregrinis vero, ita si concessum sit.

VI. Puberes etiam esse debent qui nuptias contrahunt.

VII. Qui matrimonio conjunctus est, eo non dissoluto, aliud contrahere prohibetur.

Item ancilla, matrimonii causa manumissa, a nullo duci potest quam a patrono, nisi renuntiaverit.

Imo quæcumque nupta liberta quæ ab invito patrono dicessit, non habet connubium cum alio, quamdiu patronus vult uxorem habere.

Sed hoc caput ad nuptam tantum, non ad sponsam pertinet; et ideo, invito patrono nuntium sponsa liberta si miserit, cum alio connubium habet.

VIII. Nuptiæ consistere non possunt inter eas personas quæ in numero parentum liberorumve sunt.

Jure Pandectarum, nuptiæ permittuntur in quarto gradu transversæ lineæ, nisi alter cognatorum alteri sit parentis loco.

Non tantum civilis sed et naturalis et etiam servilis cognatio in hoc jure observenda est.

IX. Hos inter se, quod affinitatis causa, parentium liberorumque loco habentur, matrimonio copulari etiam nefas est.

Imo fratris uxoris ducendi vel duabus sororibus conjungendi penitus licentia submovetur nec dissoluto conjugio.

Et quod in servili vel naturali cognatione constitutum est, servandum est etiam in affinitatibus.

X. In conjunctionibus non solum quid liceat, sed et quid honestum sit considerandum est.

Igitur patris adoptivi mei matrem, quamvis mihi aviæ loco non sit, aut materteram, aut neptem ex filio, uxorem ducere non possum, scilicet si in familia ejus sim.

Adoptivus filius autem, etiamsi emancipetur, eam quæ patris adoptivi uxor fuit ducere non potest; quia novercæ locum habet.

Item si quis filium adoptaverit uxorem ejusdem, quæ nurus locus est, ne quidem post emancipationem filii ducere potest.

Item inter me et sponsam patris mei, nuptiæ contrahi non possunt, quamvis noverca mea non proprie dicatur.

Item sponsa mea patri meo nubere non potest, quamvis nurus non magis proprie dicatur.

Item ejus matrem quam sponsam habui, non possum uxorem ducere.

Item si uxor mea post divortium alii nupserit et filiam susceperit, hæc quidem privigna non est, nuptiis vero ejus est abstinendum.

Item uxorem quondam privigni, conjungi matrimonio vitrici non oportet : nec in matrimonium convenire novercam ejus qui privignæ maritus fuit.

Non decet etiam libertum qui patronæ suæ subditus esse debet, eam uxorem habere sibi subjectam.

Sed et mulier liberto viri ac patroni sui mala ratione conjungitur.

Vetatur etiam ne quis mulierem quam a sacro baptismate suscepisset, duceret.

XI. Tutor vel curator adultam uxorem ducere non potest, nisi a patre desponsa, destinatave, testamentove nominata conditione nuptiis, secuta fuerit.

Item tutor intra vicesimum et sextum annum pupillam non, desponsam filio suo jungere non potest.

Nec tamen prohibitio personam pupillæ, adultove egreditur. Igitur si puella decessit, filiam ejus filio suo potest tutor in matrimonium collocare.

Item tutor pupilli non prohibetur filiam suam pupillo suo in matrimonium collocare.

Nuptiæ etiam prohibentur inter provincialem et qui officium in ea provincia administrat, vel cum filio suo, quamvis sponsare non prohibeatur.

Excipitur quæ desponsa erat ante cœptum officium.

Sed eos qui in patria sua militant, non videntur contra mandata ex eadem provincia uxorem ducere.

XII. Lege Duodecim Tabularum connubium inter patricios et plebeios ademptum est. Postea inter ingenuos et libertas. Quod quidem jus Canuleia et Pappia legibus antiquatum est.

Item ingenui prohibentur etiam ducere palam corpore quæstum facientem, lenam a lenone lenave manumissam, et in adulterio deprehensam, et judicio publico damnatam, et quæ artem ludicram fecerit, et a senatu damnatam.

Præterea sunt quædam personæ a quorum nuptiis senatores eorumque liberi abstinere debent, quos quidem nuptias non faciebat irritas lex Julia. Sed divo Marco cavetur ut si senatoris filia libertino nupsisset, nec nuptiæ sint.

Prohibitiones supra dictas confirmavit Constantinus et ampliavit.

Sed postea Justinus constituit ut scenicæ mulieres quæ arti suæ renuntiaverint, desinant haberi pro turpibus personis.

XIII. Si quis contra mores vel leges uxorem duxit, incestum committit.

Porro incestæ nuptiæ dotem non habent, quamvis nuptiæ postea legitimæ factæ sint.

Imo qui vetitum conjugium contraxerunt, nihil sibi donare possunt, nec quidem testamento de bonis suis disponere, nisi erga liberos, vel ascendentes, aut, ex latere, fratrem, sororem patruum et amitam.

Tandem statim suis bonis privantur qui incestum committunt.

Præterea jus patriæ potestatis solvitur, et denique exilio puniuntur, et civiles personæ sint, etiam corporis castigatione.

DE JURE DOTIUM.

I. Dos accipitur non solum pro contractu dotis, sed pro eo quod ex hoc contractu viro datum aut promissum est ad sustinenda matrimonii onera.

In hoc posteriore sensu, dos alia est *profectitia*, alia est *adventitia*.

Profectitia est quæ a patre vel parente profecta est, de bonis vel facto ejus.

Parentem accipere debemus per virilem sexum ascendentem. Nec tantum naturalem, sed etiam adoptivum.

Imo non jus potestatis, sed parentis nomen tantum, dotem profectitiam facit.

Sed et si proponas prætorem vel præsidem decrevisse, quantum ex bonis patris vel ab hostibus capti, vel a latronibus oppressi, filiæ in dotem detur, hæc quoque *profectitia* videtur.

Quod si nec pater quidquam ex suis bonis dedit (ita demum ut si parens dederit), aut si obligaverit, nec alius ejus nomine, dos profectitia videri non potest.

II. *Adventitia* dos est quæ *profectitia* non est, qualis est quam mulier ipsa aut extraneus constituit.

III. In principio, mulier dotem sibi constituere non poterat, nisi tutore auctore. Postea distinguendum est, an minor aut major sit.

Ad officium patris dotare pertinet; et quidem per præsides cogi potest.

Sed mater dotem dare non cogitur (nisi ex magna causa, vel lege specialiter expressa), nec pater de bonis uxoris suæ invitæ ullam dandi facultatem habet.

IV. In dotem constitui potest quælibet res, sive tota, sive pro parte; nec tantum corpora, sed et res incorporales.

Possunt duæ vel plures res alternative in dotem constitui; et non tantum res singulares, sed et universa bona; nisi mulier minor sit viginti quinque annis. Quo casu, modus dotandi a curatore ex facultatibus et dignitate mulieris maritique statuendus est.

V. Dos aut *datur*, aut *dicitur*, aut *promittitur*.

Dos *dari* intelligitur, si pecunia aliave res, ex illa causa *tradantur*.

VI. *Dicitur* dos, quæ solemnibus verbis sine interrogatione constituitur.

Dotem *dicere* potest mulier quæ nuptura est, et debitor mulieris, si jussu ejus dicat *institutus*; parens mulieris virilis sexus, per virilem sexum cognatione junctus, velut pater, avus paternus. Contra dare permittere dotem omnes possunt.

VII. Etiam mortis causa, dotem constituere quispiam, excepta ipsa muliere, potest.

VIII. Post divortium mulier, si de dote maritus nihil cavit, et cum alii nupsisset, postea ad priorem virum rediit, tacite dos ei redintegratur, si profecta esset, aut mulieri restituenda. Stipulatio autem de dote reddenda ab extraneo interposita, facto divortio, statim committitur, nec redintegrato matrimonio actio stipulatori quæsita intercidit.

IX. Non solum ipsi viro patrive in cujus potestate est, quid dotis causa promitti darive potest, sed et personis ipsorum juri subjectis.

X. Dos aut antecedit, aut sequitur matrimonium. Sed ante nuptias data habet conditionem nuptiarum.

Ex stipulatione dotis actio stipulanti tantum quæritur; testamento autem relicta dote, actio competit non tantum marito, sed etiam uxori divortio facto.

XI. In exactione dotis venit quod promissum aut relictum est, usuris additis ex tempore quo maritus cœpit onera matrimonii suscipere.

Cum de dote agitur, nec socer, affinitate manente, nec prior maritus, qui posteriori tanquam debitor mulieris dotem promiserit, non ad plusquam quod facere licet, condemnari possunt.

XII. Constitutio et stipulatio dotis, ab eventu nuptiarum pendet, licet pure concepta sit. Ergo, si nuptiæ non secutæ fuerint, ex stipulatu agi non potest. Et licet eidem postea nupserit, non convalescit stipulatio.

Non solum stipulatio dotis a conditione nuptiarum pendet, sed et delegatio quam mulier ex hac causa facit.

XIII. Ubicumque matrimonii nomen legitimum non est, nec dos esse potest.

XIV. Dotis causa data, accipere debemus ea quæ in dotem dantur. Igitur *parapherna* vel *receptitia* dicuntur quæcumque mulier extra dotem habet.

Cæterum si quædam ex paraphernis sic dentur ut fiant mariti, matrimonio distracto, non vindicari, sed condici tantummodo poterunt. Secus autem de rebus quas mulier solens in usu habere in domum mariti, non eis in dotem dat, sed in libellum confert.

DE CONCUBINIS.

I. Concubinatus est permissa viri et mulieris conjunctio matrimonium imitans.

Concubinam ex sola animi destinatione æstimari oportet. Igitur ab uxore delectu tantum separatur.

Concubinatus permanet eo usque donec voluntas mutata sit.

II. Solas in concubinatu quis habere potest sine metu criminis, in quas stuprum non committitur.

Præterea non licet habere concubinam cum qua conjungi jure gentium nefas sit.

Itaque quos jure duntaxat civili ducere uxores non licet, possumus habere concubinas.

Cujuscumque ætatis concubinam habere posse palam est : nisi minor annis duodecim sit.

Concubinam habere permittitur cælibi duntaxat.

POSITIONES.

I. Ad implendas nuptias necessariam esse mulieris traditionem existimo.

II. Si subsequatur consensus patris, nuptiæ non sunt ab initio justæ.

III. Si castrato mulier nupserit, non distinguendum arbitror inscia fuerit necne, utroque casu matrimonium non intelligitur.

IV. Si quis generum vel nurum adoptare velit, filia vel filio non emancipato, non perimuntur nuptiæ, sed adoptio impeditur.

V. Matrimonium non potest ponere pater ad liberum filii vel filiæ arbitrium, generali mandato faciendi nuptias.

VI. Non solum dissentienti a patre licentia filiæ conceditur, si indignum moribus, vel turpem maritum ei pater eligat, sed generaliter.

DROIT FRANÇAIS.

CHAPITRE Ier.

DU MARIAGE.

Le mariage est ordinairement défini l'union que contractent l'homme et la femme dans le but de perpétuer leur espèce et de mettre en commun les biens et les maux de cette vie.

Pour pouvoir contracter mariage, il faut :

1° Que les futurs conjoints aient atteint l'âge de puberté ;

2° Que leur consentement soit donné librement et en connaissance de cause ;

3° Qu'ils ne soient pas engagés déjà dans les liens d'un premier mariage ;

4° Qu'ils aient obtenu le consentement de leurs ascendants ou de la famille, ou même de l'autorité supérieure, dans le cas où ce consentement est requis ;

5° Qu'il n'existe entre eux aucun empêchement par cause de parenté ou d'alliance ;

6° Enfin, que le mariage ait été célébré publiquement et devant l'officier public compétent.

La puberté en France est fixée à l'âge de quinze ans pour la femme et de dix-huit ans pour l'homme.

Néanmoins, l'Empereur pourrait, mais par des motifs graves, permettre de se marier même avant l'âge de la puberté.

A l'égard du consentement, tout le monde s'accorde à reconnaître qu'il est valablement donné quand il l'est d'une manière *expresse*; mais il y a controverse sur le point de savoir s'il faut toujours qu'il soit donné d'une manière expresse. Seulement, il est bon de remarquer que le mort civilement est incapable de donner ce consentement pour le mariage.

Non-seulement il est défendu à toute personne en général de se marier avant la dissolution de son premier mariage, mais encore il est interdit à la femme en particulier de se remarier avant qu'il se soit écoulé dix mois depuis la dissolution de ce premier mariage.

Jusqu'à l'âge de vingt-cinq ans pour les fils et de vingt-et-un ans pour les filles, le mariage ne peut être célébré valablement sans le consentement du père, ou, à son défaut, de la mère, ou, à défaut de la mère, de l'aïeul.

L'enfant naturel reconnu ne peut pas non plus se passer du consentement de son père et de sa mère.

A défaut d'ascendants, les enfants mineurs de vingt-et-un ans ne peuvent se marier, sans le consentement du conseil de famille :

Depuis vingt-cinq ans jusqu'à trente ans pour les fils, et depuis vingt-et-un ans jusqu'à vingt-cinq ans pour les filles. Le mariage, à défaut du consentement des ascendants, ne peut être célébré qu'après trois actes respectueux et formels faits de mois en mois. Après l'âge de trente ans, il suffit d'un seul acte respectueux. Mais, dans tous les cas, le mariage ne peut être célébré qu'un mois après cet acte ou le dernier quand il en faut trois.

Lorsque l'enfant naturel n'a point été reconnu, ou qu'il a

perdu ses père et mère, il ne peut, avant l'âge de vingt-et-un ans révolus, se marier qu'après avoir obtenu le consentement d'un tuteur *ad hoc*.

Indépendamment du consentement des ascendants, conseil de famille ou tuteur, selon les cas précités, la permission du ministre de la guerre, ou de la marine, ou du conseil d'administration des corps est requise pour le mariage de tout militaire ou marin.

En ligne directe l'empêchement au mariage existe à l'infini aussi bien entre parents naturels, et même entre alliés, qu'entre parents légitimes.

En ligne collatérale, on considère aussi comme contraire au droit naturel, le mariage entre frères et sœurs, soit légitimes, soit naturels, et même entre beaux-frères et belles-sœurs.

Au degré d'oncle et de nièce, de tante et de neveu, la parenté légitime seule est un obstacle au mariage ; encore cet empêchement peut-il, pour des causes graves, être levé par le chef de l'État.

L'adoption étant regardée comme une sorte de parenté civile, il y a encore prohibition de mariage entre l'adoptant, l'adopté et la postérité de l'adopté, entre les enfants adoptifs de l'adoptant, entre l'adopté et les enfants qui pourraient survenir à l'adoptant, entre l'adopté et le conjoint de l'adoptant, et, réciproquement, entre l'adoptant et le conjoint de l'adopté.

Les formalités du mariage sont de deux sortes : celles qui précèdent la célébration, et celles qui l'accompagnent.

Les premières consistent en deux publications; mais on peut se faire dispenser de la seconde pour des causes graves.

Ces deux publications doivent être faites : 1° à la municipalité du lieu où chacune des parties contractantes a son domicile réel ;

2° Dans le cas où le domicile matrimonial est acquis par six mois de résidence, à la municipalité du lieu où se trouve ce domicile matrimonial, et à la municipalité du lieu où se trouve le domicile réel ;

3° A la municipalité du domicile de ceux sous la puissance desquels les parties se trouvent, quant au mariage, et par conséquent à la municipalité du lieu où siége le conseil de famille, lorsqu'il n'y a plus d'ascendants.

Ces publications doivent être faites aussi bien quand le mariage est contracté à l'étranger que lorsqu'il est contracté en France.

Les formalités qui accompagnent la célébration ont toutes pour but de donner de la publicité au mariage. En conséquence, la loi exige que le mariage soit célébré dans la maion commune, en présence de quatre témoins, parents ou non, et il doit être donné lecture aux parties tant des pièces justificatives pour passer outre au mariage, que du chapitre VI du titre du Mariage, sur les droits et les devoirs respectifs des époux. L'acte de mariage doit être rédigé immédiatement après par l'officier public qui doit procéder à sa célébration.—Avant la révolution, cet officier, c'était le curé, mais aujourd'hui, c'est le maire ou l'adjoint du domicile de l'une des deux parties.

Quand le mariage a été contracté à l'étranger, l'acte de célébration du mariage (qui peut avoir lieu dans ce cas suivant la règle *locus regis actum*, c'est-à-dire suivant la forme du pays, à moins toutefois qu'il ne s'agisse d'un militaire français ou de toute autre personne employée à la suite des armées), l'acte de célébration, disons-nous, du mariage contracté à l'étranger, doit en outre être transcrit par le Français de retour, sur le registre public du mariage du lieu de son domicile.

Voyons maintenant la sanction des conditions requises pour le mariage :

Le défaut de publicité donne ouverture non-seulement à opposition, mais encore à nullité. Et cette nullité est absolue en ce sens qu'elle peut être invoquée par quiconque y a intérêt, même par le ministère public. Toutefois, les ascendants qui ont consenti au mariage ne sont point recevables à l'attaquer, et la nullité est couverte : 1° lorsqu'il s'est écoulé six mois depuis que la puberté a été acquise ; 2° et même si la femme (quand c'est elle qui n'est point pubère) vient à concevoir avant qu'il ne se soit écoulé six mois.

Le défaut de consentement des époux donne également ouverture, non-seulement à opposition, mais encore à la nullité. S'il n'y a pas eu du tout de consentement, la nullité est absolue; mais si le consentement existe, quoique n'ayant pas été librement donné, la nullité est simplement relative. Dans ce dernier cas, elle serait couverte par la cohabitation continuée pendant six mois volontairement et en connaissance de cause.

L'existence d'un premier mariage donne aussi le droit, non-seulement de s'opposer à un mariage subséquent, mais encore d'en demander la nullité après la célébration. Cette nullité est également absolue, non-seulement en ce sens qu'elle peut être invoquée par toute personne y ayant intérêt, mais encore en ce sens qu'elle ne peut pas être couverte.

Il en est de même quand les époux n'ont pas l'âge compétent pour consentir par eux-mêmes au mariage. Non-seulement les personnes dont le consentement est nécessaire peuvent s'opposer au mariage, mais encore en demander la nullité, de même que les époux ou celui d'entre eux qui avait besoin de ce consentement. Cette nullité (qui est relative en ce sens qu'elle ne peut être intentée que par certaines personnes) l'est encore en ce sens qu'elle peut être *couverte ;* car elle ne peut plus être intentée par l'époux qui avait besoin de ce consentement, lorsqu'il s'est écoulé une année sans réclamation de sa part ; et elle ne peut plus être intentée non plus par ceux dont le consentement était nécessaire, lorsqu'ils ont approuvé le mariage soit expressément, soit tacitement, ou lorsqu'ils ont laissé écouler sans réclamation une année, à partir du moment qu'ils ont eu connaissance du mariage.

La violation des règles sur la parenté et l'alliance est également sanctionnée par le droit de faire opposition au mariage et par une nullité absolue, non-seulement en ce sens qu'elle peut être invoquée par toute personne y ayant intérêt, mais encore en ce sens qu'elle ne peut jamais être couverte.

Enfin, le défaut de publicité du mariage ou de compétence de l'officier qui y a procédé, donne aussi le droit d'y former opposition ou de l'attaquer après célébration. Cette nullité est également absolue, en ce sens qu'elle peut être demandée par toute personne y ayant intérêt.

La question de savoir si l'obligation de transcrire sur le registre de l'état civil l'acte de mariage célébré à l'étranger doit faire considérer le mariage comme non-avenu, est vivement controversée.

Quant au défaut d'actes respectueux ou de permissions exigées pour le mariage des militaires, et quant à la violation des règles sur la viduité pendant dix mois, il y a simplement lieu à opposition dans ces deux cas.

Le droit de former opposition appartient : 1° à la personne engagée par mariage avec l'une des deux parties contractantes ; 2° au père, à défaut du père, à la mère, et, à défaut de père et mère, aux autres ascendants, encore que les futurs conjoints aient vingt-cinq ans accomplis ; 3° à défaut d'aucun ascendant, aux parents collatéraux jusqu'au quatrième degré inclusivement, et *dans deux cas seulement*, à savoir : lorsque le consentement du conseil de famille, requis par l'art. 160, n'a pas été obtenu, ou lorsque l'opposition est fondée sur l'état de démence du futur époux. Dans cette dernière hypothèse, l'opposition n'est reçue qu'à la charge, par l'opposant, de provoquer l'interdiction et d'y faire statuer dans le délai fixé par le tribunal, qui peut, du reste, se contenter de donner main-levée pure et simple de l'opposition ; 4° au tuteur ou au curateur dans les deux hypothèses que nous venons d'énoncer, après qu'il y aura été autorisé par le conseil de famille.

La demande en main-levée, qui doit être portée au tribunal du domicile de l'opposant ou du domicile élu dans l'acte de l'opposition, n'est pas assujettie au préliminaire de conciliation. Il y est statué soit par le tribunal, soit par la cour dans les dix jours de l'acte qui les saisit; et si l'opposition est rejetée, les opposants autres que l'ascendant peuvent être condamnés à des dommages-intérêts.

Lorsque le mariage a été déclaré nul, il ne produit, du moins en général, aucun effet civil.

Nous disons *du moins en général*, car la règle admet des exceptions quand le mariage a été contracté de bonne foi, soit par les deux époux, soit même par un seul d'entre eux. Dans ce cas le mariage, quoique déclaré nul, produit tous les effets civils, non-seulement en faveur des époux de bonne foi, mais encore en faveur des enfants issus de ce mariage.

Il nous reste à dire comment se prouve le mariage.

En général, la preuve du mariage, par rapport aux époux, ne peut résulter que de l'inscription de l'acte de célébration sur les registres de l'état civil de la commune où le mariage a été célébré.

La loi en excepte cependant le cas de non-existence, de perte ou de destruction des registres, et alors le mariage peut être prouvé tant par registres et papiers domestiques que par témoins.

De même, en cas d'altération des registres, la preuve du

mariage acquise par l'instruction criminelle remplace complétement celle tirée de ces registres ; mais il faut pour cela que le jugement soit inscrit lui-même sur ces registres.

A cet égard, deux hypothèses peuvent se présenter. L'altération des registres peut donner lieu à une condamnation au grand criminel. La preuve du mariage se trouve alors acquise, lors même que les personnes intéressées ne se seraient pas constituées parties civiles, car le ministère public est le représentant de la société entière. Si l'accusé a été acquitté et qu'il ait été condamné à des dommages-intérêts, en supposant, cette fois, que les personnes intéressées se soient constituées parties civiles, la preuve du mariage résulterait aussi de cette condamnation à des dommages-intérêts, inscrites sur les registres de l'état civil.

L'altération des registres peut encore donner lieu à une poursuite devant les tribunaux correctionnels, lorsque, par exemple, l'acte de célébration aura été rédigé sur une feuille volante, et, dans ce cas encore, la preuve du mariage résulterait également du jugement de condamnation inscrit sur les registres de l'état civil.

S'il s'agit de la poursuite au grand criminel, les parties intéressées peuvent, non pas comme le dit à tort l'art. 199, intenter l'action criminelle, mais seulement porter plainte, et, au besoin, se constituer parties civiles. Mais s'il s'agit au contraire d'une poursuite correctionnelle, il sera vrai de dire avec l'art. 199 que les parties intéressées pourront intenter l'action, au moins dans les limites de leur intérêt civil, laquelle action appartient non-seulement aux époux s'ils étaient encore vivants, mais encore à toute personne qui aurait un intérêt né et actuel, comme les enfants issus du mariage qui, même du vivant de leurs père et mère, voudraient recueillir la succession d'un autre parent. Ils pourraient incontestablement invoquer l'article 199, car cet article n'est conçu qu'en termes purement énonciatifs.

D'un autre côté, si l'officier de l'état civil est décédé, on ne pourra se pourvoir contre ses héritiers par la voie civile. Mais alors, par exception au droit commun, ce ne seront pas les parties intéressées qui agiront elles-mêmes, car la loi craint qu'elles ne s'entendent frauduleusement avec les héritiers de l'officier de l'état civil décédé, lesquels, n'ayant pas à redouter pour eux-mêmes l'application de la peine, pourraient, à prix d'argent, consentir à reconnaître l'existence d'un crime ou d'un délit qui n'aurait pas été réellement commis par leur auteur.

En conséquence, l'action reste confiée au ministère public, mais il ne pourra la diriger qu'en présence des parties intéressées et sur leur poursuite.

QUESTIONS.

I. Les interdits sont-ils incapables de se marier ? — Distinguer.

II. Les promesses de mariage peuvent-elles se résoudre en dommages-intérêts ? — Distinguer.

III. Quel est le domicile matrimonial ? — Celui où l'on a six mois de résidence.

IV. La compétence de l'officier civil est-elle territoriale ? — Oui.

V. Le mariage contracté à l'étranger est-il nul pour défaut

de publications en France? — Le mariage n'est pas nul de plein droit.

VI. La parenté adoptive est-elle une cause de nullité dirimante? — Non.

VII. Le ministère public peut-il former opposition au mariage? — Oui.

VIII. Qu'entend-on par *erreur* dans la personne? — On entend l'erreur sur la personne non-seulement physique, mais civile.

IX. Le dol est-il une cause de nullité du mariage? — Non.

X. La ratification expresse suffit-elle pour couvrir la nullité? — Non.

XI. Le mariage putatif produit-il la légitimation? — Oui.

XII. L'erreur de droit exclut-elle la bonne foi?

Vu par le Président de la thèse,
DURANTON.

Vu par le Doyen,
C.-A. PELLAT,

www.ingramcontent.com/pod-product-compliance
Lightning Source LLC
Chambersburg PA
CBHW070456080426
42451CB00025B/2759

Quéï dous al sén dé sa famillo,
Qunis charmantis maïnachous;
Dé joyo bostré sanc pétillo,
D'y bézé crouqua 's pas pichous;
Aprèts abé ramplit la panso,
L'un aqui canto, l'autré danso;
Lé téns qué coulo ès précious.
   Maridaï-bous, etc.

Ah! pér maleur, las caoüsos soun talos,
Baldrio millou sé méntissio;
Quant dé fourtunos colossalos
Cé la misèro 'nréchissio;
Cadun sans diré lé countrari,
Pél lé méns sario millounari;
Aro certos nè pos pus son.
   Maridaï-bous,
   Déspachaï-bous,
Dél moundé aïço és lé dit-on.
   Déspachaï-bous,
   Maridaï-bous,
Bouï ramassaréx quiquon. *(bis)*

LAI NOUBELLOS MARIDADOS.

Aïré : *Adieu combats.*

Noubèlos maridados,
Quabets accoustumat
Aoütant qué laï ruscados,
Ba téné néléjat;
Es uno bèlo caoüso,
Surtout pél la santat,
Ello soulo 'n dispaoüso, *(bis)*
Bibo la prouprétat.

Acaxat dé naïssénço,
Un charmant furluquét,
Agut péŕ récoumpénço
Dé sa fénno 'n casquét;
Dabort tout l'accoumodo,
Eï leoü à soun afa;
Es couffat à la modo,   *(bis)*
Jès qu'y démoro pla.

Né couneïssén l'usaché,
Ya pos rés dé tant bel,
Surtout quant un mariaché
Es éstat faït al Cel;
L'un sé trobo pifraïré,
Métoun tout à proufit,
Laoütré tambourinaïré,   *(bis)*
Qun pareïl accoumplit.

Dé tout coustat boundrillo,
En fasén qualqué 'xès,
Ebitoun leoür famillo
Dé dintra én proucès;
Saus borno, sans barrièro,
L'homé ba dissipa;
La fénno timbaïllèro   *(bis)*
Ba bol tout accaba.

LA MUSIQUO ENRACHADO.

Aïré : *C'est la seringue.*

Point de souci disait un vieux bonhomme,
Mes chers enfans, écoutez ma leçon ;
Pour bien s'amuser, enfin voilà comme
Je vais commencer prendre mon violon.
  Qu'uno musiquo
  Quant la barriquo
Dins un oustal ba tout désaltérat ;
  Cadun sans ruso
  Canto, s'amuso ;
Jès qu'un babil, nan jamaï prou parlat.

Cé l'abios bist jamaï pus à la bido
A paréscut pareil ouriginal,
A l'énténdré aoüriots dit qué Plassido
S'èro entroduit dé dins à 'quél oustal.
  Qu'uno musiquo, etc.

Ténets, madamo n'es pos brico fièro,
Es prou charmanto, a l'aïré amourous ;
Praquél moumén sérbis dé timbaïllèro,
Fa saoüta aco qué pénjo 's ésquilous.
  Qu'uno musiquo, etc.

Madoumaïsello sésits sa guitarro,
Acos aqui qué sé pénchéno dur ;
Pra coumpagna cé bézios couci carro,
Quant nous répetto surtout franc bubur.
  Qu'uno musiquo, etc.

Lé moussurét pér réuni sous aïrés,
An a quél councert déssuito sé mét,
Sé réméno presqué autant queï daïllaïrés,
Pér fa fioula un pichou flajoulet.
  Qu'uno musiquo etc.

Quant tout d'un cop dintro la cousignèro,
Baoü métré taoülo, moussu, tout és queït;
S'èro pénjado qualquo cafétièro,
Cops dé pilous pâto l'escalfo-leït.
  Qu'uno musiquo, etc.

Anén, pérbézé, uno aoütro rounflado;
Forté, madamo; piano, moussurét;
Madoumaïsello fa qualquo roullado,
Es accoumpagnado pél flajoulet.
  Qu'uno musiquo, etc.

CADUN SOUN GOUST.
Aïré : *La pipe de tabac.*

Es inutillé dins lé moundé
Dé disputa dé las coulous,
A rousflé antius qué tout aboundé,
N'importo qué sio blanc ou rous; *(bis)*
La naturo és tant bizarro,
Ba disi sans ba réfléchi,
Préfèri à uno cigarro
Uno pléno tino dé bi. *(bis)*

Un minoutié touchoun bouyacho,
S'amuso et sé dibertis;
Qualqué cop juro et s'énracho
Pér pla fa bira souï moulis. *(bis)*
Yeoü assiétat dédins ma locho,
Crési qué moun sort és pus dous,
Quant bési qué biroun la brocho
D'amé trés ou quatré capous. *(bis)*

Un poèto célèbré, habillé,
Fa soun trabaïl ta plà qué pot;
Ni neït, ni joun, dourmis tranquillé,
Touchoun y manquo qualqué mot. *(bis)*
Dé moun coustat nou bous désplaïsé,
Diréts qué soun un paoüc pus sot;
Tranquillomén et à moun aïsé,
Jamaï rés manquo al cabot. *(bis)*

Un souldat séguits la bitoiro
A grand galaoüp sus soun coursié,
Afins qu'un joun dins la mémoiro
Nouï fasquén bésé soun laoürié. *(bis)*
Dins la cousino tout réstaoülo,
Surtout aprets lé déjuna;
A miéchoun baoü mé métré à taoülo,
Soun pus sigur dé moun affa. *(bis)*

LÉ RIBOUTUR ET L'HYPOUCRITO.

Aïré: *Vois-tu cette troupe guerrière.*

LÉ RIBOUTUR.

Beï dé bouteillos un armado,
Aréngados pér bataïllous
Sus uno taoülo éntourado
Dé jigots d'amé dé capous;
Uno réngado dé barriquos:
Admiro nostré bel chantié,
Quitto touï sants et tas réliquos,
Faï-té poumpié, faï-té poumpié. *(bis)*

L'Hypoucrito.

Dé ma bido dins la rétraito
Passi qualqué moumén pla dous,
Ramassi dé boutous dé guéto
Qué mé dounoun lés coutillous ;
Récébi dés pastrés et las pastros,
Co qué mé baïlloun és égal,
D'amé sous ardits et sas piastros
Mé soun croumpat un bel oustal.   *(bis)*

Lé Riboutur.

Ramasso dé bé sus la terro,
Quén faras apéï quant sios mort,
Tout aco n'és pós qué chimèro,
Couneïssés pla qu'és tal lé sort ;
Dé nous aoüs én péno té métos,
Nostré sort n'és pos rigourous ;
Tas anjos buffoun las troumpettos,
Et nous aoüs buffan lés taillous.   *(bis)*

L'Hypoucrito.

Sans chagrin et sans énquiétudo,
Pu bestio qué yeoü n'és pos sot,
La bisito dé qualquo prudo
Tour-à-tour mé fan bulli l' pot ;
Sans talan et sans élouquénço,
Faoü païllasso et arlénquin ;
Lé béntré plé faoü péniténço
Eu m'éndourmin darré l' lutrin.   *(bis)*

LA CRITIQUO DÉL POÈTO.

Aïré : *Un jour Lisette sans savoir comment.*

Maï d'un poèto s'y és amusat,
Lé tiers-éstat à touchoun crétiquat,
Sans sé babé qualqué cop méritat,
Surtout sur l'aïmablo grisétto ;
Dé leoür coustat boli préné l' partit,
Quoiqué moun cap nou siosqué pas munit
D'un grand talan, ni maï d'un grand esprit,
D'aïrés dé ma simplo muzétto.

Sans estré torts, abuclés ni boussuts,
Disoun chés nous aoüs y a pla dé couents ;
Jèsus, moun Dioüs, chés aquélis moussus
Né sabi uno bèlo nisado,
Cadun al col un ésquilou pénjat,
Sans galaoüpa nous couparion lé cap,
Farion dé trén aoütant qué Cardaïllac,
La caoüso bous és assurado.

Nostros griséttos qué soun à soigna,
Cessoun pas jamaï dé né mal parla,
En disén aufins couci podoun fa
Pér pourta dé fichus à franjos ;
Leoür doumaïzellos én grand farbala,
A critiqua podoun ribalisa,
Saï dantèlos, sous capels à Mina,
Saï raoübos et saï grandos manchos.

Un maïtï digus dé pus éstounat,
D'un coumpté qu'uno modisto à pourtat
A un aoütant qu'uno pigno sarrat,
Aïço n'èro pas pér dé planchos;

L'est offo pourtant és touto dél tros,
N'és pos dé bourro ni démélinos,
Y a pos countat qué trénto soüs pél cos
Et trés francs émieï pél laï manchos.

 Es égoïsto et sapos counta,
Sapos anfins qué fa pér ramassa,
Sé bol passa dé fénnos et dé pa;
Diréts qué la quéstiou bouï choquo,
Baoü déclara soun poulit proucédat,
Tout simplomén bouï diré la bértat;
Beïréts qué baoüra leoü tout acabat
D'amé dé fillos et dé coquo.

LÉ BOUNHUR ET LA FOURTUNO.

Aïré: Lise au milieu de la nuit.

 Nous an dit qué lé bounhur
S'éloigno dé la fourtuno,
Dégorgeo, tout l'impourtuno,
En loc sé trobo sigur;
Un homé dins l'opulénço
Es chagrin et touchoun pénço,
Lé plasé et la souffrénço,
Eï débourat pél dépit;
Sans abé cap déquérello,
L'un sé brullo la cerbello
Et l'aoütré biro l'ésprit. *(bis)*

 Gña qualqu'un queï chagrinat
Dé sa damo un paoüc coquétto;
Néït et joun à sa toillétto,
Da quél posto eï désoulat;
Dins un banquét, uno festo,

Cadun l'admiro, l'arrèsto;
El b'aïmo coumo la pesto,
Surtout apeï dins un bail;
Sans boulé flata la besto,
Dé sa taïllo douço, lesto,
Es pinçado coumo cal.   *(bis)*

Aro qu'a à désira,
Uno taoülo pla garnido
Pér él déhén énsipido;
Rassasiat popos mangea,
Lé Champagno, lé Bourgougno
Soun dous coumpagnous dé pougno;
Léndouma qu'uno bésougno,
Yan faït anfla lés talous;
Al diaplé la bouno chèro,
Courrousso la cousignèro,
Sé trobo pla malhurous.   *(bis)*

Dé chès élis la santat
Es pus magro qué leoür bourso,
Leï fugits, mais à la courso
Nan jamaï prou galaoüpat;
Sercoun la tampératuro,
La calou et la fréscuro;
Pél printéns sus la bérduro,
Y ban réspira leï béns;
Lés qu'an la millouno mino,
Passéjoun qualquo mounino,
Lés aoütrés dé laboméns.   *(bis)*

A ba préné coumo cal,
Es plasént d'estré un paoüc riché,
Sans pénça qué digus triché,
Sé fa bésé un paoüc louyal;
Leï grossis proupriétaris

Nouï daïssoun pas leï salaris ;
Sous coffrés et sous armaris
Leï ramplissoun coumo cal ;
Dés étros dé sus la terro,
Lé qu'a tant soun amo fièro
Es lé pus sot animal.　　　(bis)

LAI MOUNINOS.

Aïré : *Le jardinier fleuriste.*

Abén bidat deï bis millous
Laï barriquos, las tinos ;
Mé soun més marchand dé cansous
Pér béndré laï mouninos.
　　Sans exagèra,
　　Bouï boli noumma
　Lés éndreïts pus célèbrés ;
　　Dé dins lés quartiés,
　　Toutis bracougnés,
Nan prés maï qué dé lèbrés. (bis)

　A la casso d'aquel gibié
Neït et joun fan la guerro,
Sans fusil et sans ésparbié,
Cassoun l'aïgo, la terro.
　　Dins nostré quartié
　　Y a un boulangé
　Qu'amé qualquo bouteillo,
　　Un dilus al soir,
　　D'amé grand éspoir,
Languet trapa l'éndeillo. (bis)

Sabets ount tabés n'és pla bou,
Aqui yan la birado,
Beï lé quartié dé Mounlébou,
Yan trapat la passado.
  Poudèts y béni
  Lé soir, lé maïti,
  Pél laï fortos jalados,
  L'éstioü et l'hiber,
  Nostré amic Al...,
Qui sap las qu'a trapados. (bis)

Lamblur n'és pos à méprésa,
Aqui y a dé réssourço ;
Jès sé bésios, sans galaoüpa
Las trapoun à la courço.
  Soun dé dégourdits,
  An bouno appétis,
  Et pér beoüré sans borno,
  Nan pos prés un sot
  Pér fa l' grand dépot
L'an à l'oustal d'én C... (bis)

N'és pos tapaoüc à dédégna
Lé quartié dé la plaço,
Soun qualqués uns qué ban pla,
Surtout quand soun én casso,
  Fan tiba lé traït
  Et lestomén faït,
  Prénoun dé bèlo rasso ;
  Sans estré én rétard,
  En Batist D...,
Las prén à la tiraço. (bis)

Lé camp dél reï és exélént,
Aqui l' méndré és cassaïré,
Las trapoun quand fa pos pla bént,
Soun coumo païré et maïré.

Dins à quél quartié
Cadun a 'n lébrié,
Sans abé dé garèno;
Lé fort sé bos,
Lé tort d'én C...
Las atrapo sans péno. *(bis)*

Al Quai soun qualqu'un coumo cal
Qué séguissoun la pistro,
Y a qualqué poumpié sans égal,
Fa pos qu'un cop d'un litro.
Déscéndré ou mounta,
La bouteillo 'n ma,
Anfiūs porto pér porto;
Sans gaïré cérca,
Toīno d'én R...
Las atrapo pél l'orto. *(bis)*

Jès al port qunis mouscaillous,
Touchoun pél laï barriquos,
Cés éntendiots qu'unos rasous
Quant sé biro dé piquos.
Riré et canta,
Manja et pinta,
Qué siosqué dous ou agré,
Sio douro ou tart,
Y a én G...,
Las atrapo 'mél sabré. *(bis)*

Un moussu dits qu'aco y bilén
Dé trapa la mounino,
El n'a pos bésouin d'ana lén,
La prén dins la cousino.
Léndouma l' cap caoüt,
Moussu eï malaoüt,
Madamo éndispaoüsado;

Dis pos qué dénaoüt
Buguet coumo 'n traoüc,
Aoütant qu'uno ruscado.   (bis)

Anén gna pos pér crétiqua,
Ni maï aoütant pér riré,
Entré bousaoüs débets pénsa,
Cé mé ba bouïllots diré.
　　Anfins couci fa,
　　Pér bouï fa aboua
　　Qualquo bouno pintado;
　　Et sans countrodit,
　　Qué lèbén lé dit
Lés qué l'an pos trapado.   (bis)

Couci gaoüsa léba lé dit,
Fasets plaço, qué sorté,
N'as pos peaoü, malhurous bandit,
Qué lé diaplé t'émporté;
　　N'as pus lé pérdou
　　Dé toun Créatou,
　　Dé sa graço dibino;
　　Pos pos ana l' cel,
　　Sans cé qualqué pel
Ou sans qualqué mounino.   (bis)

LÉ RESSOUBÉNI,
OU SOIXANTO ANS DÉ MARIATGÉ.

Aïré : *Sans outrager le sexe que j'honore.*

T'én soubénés disiò uno digno mèro
A soun marit quél téns abio glassat,
T'én soubénés, siétat sus la fougèro,
D'aquél moumén, y a loung-téns qués passat;
Abio quinzé ans, frésco coumo la roso,
Et tu charmant, poulit coumo 'n anel,

Mous eïls d'azur, ma gorjó mièjo closo;
T'én soubénés, qu'alors tout éro bel. *(bis)*

T'én soubénés, gaoüsabés pas mé diré
Ço qué toun cor bouillo pla m'ésprima,
T'én soubénés, disios bos qué réspiré,
D'aïsso-mé fa un poutou à la ma ;
Sul bel gazoun frouillabén tant l'herbéto ;
Qu'un téns alors pér nous aoüs précious,
Quand dé ta ma cuillissios la flouréto ;
T'én soubénés, qu'erés tant amourous· *(bis)*

T'én soubénés, ma taïllo séduisénto,
Digo-mé bot, ta loung-téns prou charmat ;
T'én soubénés, dé ma bouco risénto,
Milo poutous tabion pos couténtat ;
Dins un baïl imitabi Tersicoro ;
Dé toun coustat, un moudello dé Mars ;
Dins un councert brilla ma boux sonoro ;
T'én soubénés dé mous téndrés régards. *(bis)*

Té, daïsso-mé, disés sé m'én soubéni ;
Quand y pénsi soun maï qué désoulat,
Cé rèsséntissios la péno qué préni
Dé mé bésé la mitat atudat ;
Cé séntissios coumo moun sanc pétillo,
Car pér mouri y soun pos résoulgut ;
Calé quitta mous amics, ma famillo,
Baldrio pla maï n'estré jamaï nascut. *(bis)*

Castelnaudary, de l'Imprimerie de L. GROC.

COUMPLAINTO

DÉL CAPOU DÉ LA GATO,

PÉSCAT DINS LÉ BASSI.

Aïré : *La France ne périra pas.*

Qui qué sio sé sario stounat
Dins uno maïtinado soumbro,
Quiquon dé négré coumo 'n **oumbro**,
Aoürios dit qualqus eï négat ;
Nous approuchan tout douçomén,
Ero plaçat sus uno mato,
Cé l'abios bist tout tristomén,
S'èro perchat sus uno pato.　　　(*bis*)
Qués à co l' capou dé la Gato,
Al sécours anguéllé salba !
S'èro perchat sus uno pato,
Cé l'abios bist fasio ploura.　　　(*bis*)

A forço dé sa trafiqua,
Lé sourtissen d'aquélo plaço,
N'és pos al bout dé sa grimaço,
Là lé boloun y appliqua :
Un dits lé cal réscalfura ;
Cadun dispaoüso dé sa bido ;
L'aoütré dits, nous lé cal sanna,
Alors la souciétat décido.　　　(*bis*)
Qu'és à co l' capou dé la Gato,
Qué lé bénén dé pésca,
S'èro perchat sus uno pato,
Cé l'abios bist fasio ploura.　　　(*bis*)

La péscat et nous dits queï siou,
Lé prén d'un aïré téméràri,
D'aïsso-lé dounc, és arbitrari,
Beï qués péleoü mort qué biou ;
Un cop dé broc l'éstabousits,

Et la plumo prén la boulado;
Y coupo l' coïl et sé brandits,
Rampos dé sanc qu'uno siétado.   (bis)
Lé paoüré capou dé la Gato,
Qué lé bénén dé pésca,
S'èro perchat sus uno pato,
Cé l'abios bist fasio ploura.   (bis)

Lé prénoun et sans maï tarda
Lé ban pourta chès én Lamocho;
Sa fénno lé mét à la brocho,
D'ouplido dél flambusqua;
A qui un oubrié pla pénchénat,
Disio l' moundé quél bégnon bésé,
L'an pos soulomén flambusquat;
Sans babé bist ba poudéts crésé.   (bis)
Q'ués à co l' capou dé la Gato,
Qué lé Lénén dé pésca,
S'èro perchat sus uno pato,
Cé l'abios bist fasio ploura.   (bis)

Anfins à soun éntérromén
Fasèn las ounous funéraillos:
Prumiés, ségouns et bassos-taïllos,
Tout ségoundo éntièromén;
Lé bésinat és réjouit,
En passan cadun s'y arresto;
Ei bértat ço qué nous an dit,
Qué célébrats aquéllo festo.   (bis)
Aquoï dél capou dé la Gato,
Qué lé bénén dé pésca,
S'èro perchat sus uno pato,
Cé l'abios bist fasio ploura.   (bis)

ME PRENEZ-VOUS DONC POUR RIEN?

Air : *Taisez-vous donc imbécile.*

On disait à l'auteur de faire une chanson en français, pour savoir ce qu'il ferait de bon.

Le patois, dit-on, me protége,
Surtout pour faire des vers;
On est étonné voir la neige
En d'autres saisons qu'aux hivers.
Mais enfin, pas tant de mystère,
Voyez si ceci va bien;
Vous n'y pensez pas, c'est chimère, *(bis)*
Me prenez-vous donc pour rien?

On juge, mais voyez comme
S'établit le genre humain;
Dites-moi, suis-je pas homme?
Vous dirais-je, suis sans bien?
Mais la fortune ennemie
Me laissa à moitié chemin;
Ainsi je coule ma vie, *(bis)*
Et vous me prenez pour rien.

Le savant, dites-vous, repose
Dans son antique château;
La nature seule en dispose,
Il existe dans le hameau;
Gouverner, comme vous-même,
Pour le moins tout aussi bien,
C'est aujourd'hui le système, *(bis)*
Et vous nous prenez pour rien.

Je vous offre en homme sage,
Tous les fruits de nos travaux;
Nous embellissons rivage,
Plaines, montagnes et côteaux;
Tout ce qu'on voit sur la terre
Sort de nos bras, de nos mains;
Chacun nous dit qu'on est frère, *(bis)*
Et vous nous prenez pour rien.

Vous voyez beaucoup d'entraves
Pour arriver à la fin;
Je vous dirai les esclaves
Ont dépassé leur chemin:
La terre est très-bonne mère,
Dieu dit on gouverne si bien;
Arrive donc jour prospère,
Puisque l'on nous prend pour rien. *(bis)*

LAS PELS.

Aïré : *Ça ne se peut pas.*

Sario stat loung sur laï mouninos,
Réuni toutis lés quartiès,
Préné deï bouts jusquos laï simos,
Dé cita toutis lés poumpiès;
Crési qué sara difficillé
Dé trapa aoütantis dé camels,
Lé païs praco 's éstérillé,
Bési pas qué pér tout dé pels. *(bis)*

Al Barry m'énbaoü sans éntrabo,
Crési dé fa un boun afa;
M'an dit, aqui proché 'n Latrabo
L'aï bailloun sans marcandéja,

An caoüsidos las pus poulidos,
Las qu'an faïtos séca dédins,
Disoun qué soun las pus soulidos,
Boloun tapissa 's Capuchins. *(bis)*

Beï chès 'n Capioun gna dé poulidos,
Al Planoulét dés Courdéillès,
Podoun sérbi pér fa dé bridos,
Dé tijos et maï dé souillès;
N'abèn trapados qualquos unos
D'aco qué mounto sus camels,
Bouï boli pas dire dé prunos:
Dé mouninos ét maï dé pels. *(bis)*

Ount y a dé bèlo marchandiso,
Beï lé quartiè dé Sant-Miquel,
Aco eï sécat pèl bènt dé biso,
Cé bésios és quiquon dé bel;
N'abèn troubados dé pla bèlos
Proché én Carrosso, cheï bésis,
Podoun serbi pér fa dé sellos
Et dé poulidis rétroucis. *(bis)*

Al bel quartiè dé Port dé Bordos
Soun pos soignados coumo cal,
Las éspandissoun suï dé cordos,
N'an éncoumbrat maï d'un oustal;
Aquélos coumo laï céntralos
Las prénoun tout dé reoü al taïl,
Podoun sérbi qué pér dé malos,
Et maï dé pla maïssant trabaïl. *(bis)*

A pra qui tal beï chès 'n Baléto,
A Sant-Antoni qu'aco eï bel,
Gnagut uno pléno carrétto,
Ba creïrés pos, à quado pel,

Cé bésios coussi soun tibados,
Coussi aquél quer eï madur;
Las abèn toutos débitados
Per fa dé tapiès dé sapur.   (*bis*)

Lé Couquel à la Baffo-basso
D'amé lé Rollé soun amic,
N'an trapat dé la bèlo raço,
Pél laï béndré ban ric-à-ric,
Soun grossos coumo païré et maïré,
Crésoun d'én tira pla partit,
Aprèts la fièro dé Baoücaïré
Sé partacharan lé proufit.   (*bis*)

Coumo scartat dél bézinatgé,
En Germain labion d'oublidat,
D'aïssabén lé pus bel paratgé,
Couci yé pos péleoü pénsat,
Soun pos d'aquélos dé marmoto,
Ni d'aquélis pichous curbels,
Y a un bel dessus dé capoto
A las pus méndros dé sas pels.   (*bis*)

Régardaï-mé s'és pos risiplé,
Dits qué jamaï s'és pos grisat;
Ma foi certos débén péniplé
Quand assassinoun la bértat,
Démandaï-bot à l'assémblado,
Bous ba podi diré sigur,
Las atrapo à la boulado,
Cranomén sé pénchéno dur.   (*bis*)

BEIRETS QU'ANIRA PLA.

Aïré : *L'aurore annonce un jour serein.*

Tout ço qu'existo ba fort pla,
Un cop coulloucat à sa plaço,
Sé réuni, sé métré én masso,
Tour-à-tour ba tout proutégea,
La terro sara flourisséuto,
Lé moundé éutiè nabigara.

Alors beïréts qué tout anira pla,
Alors beïréts qué tout (anira pla,) (*bis*)
Alors beïréts qué tout anira pla.

Abaro cesso d'éntassa,
L'or et l'argén és toun idolo,
Dél bésé aco té counsolo,
Pénsos pas qué tél cal d'aïssa ;
Sé l'an fait roun és pér roulla,
Ensi d'aïsso-lé nabigua.

Alors beïréts etc.

Cé la fourtuno ta séguit
D'amé lé joun qué ta bist naïssé,
Coumo l' boun pastré d'aïsso païssé,
Alors aoüras pla maï d'ésprit ;
D'aïsso prun païré dé famillo
La plaço qué bos occupa.

Alors beïréts etc.

Dé digus siosqués pas jalous,
Proutègés pas l'éndifférénço,
Aoüras pla maï dé récoumpénço
Dé ségui maï simplos lixous:

Tu riboutur baï à la messo,
Et tu débot baï ribouta,
    Alors beïréts etc.

Admiro lé sort rigourous,
L'éndigént lé bésés tranquillé,
Lé superflus és inutillé;
Tu qué dégorgeos lés capous
Ba récébés tout dé la terro,
Fai-né part én fan trabaïlla.
    Alors beïréts etc.

Ço qué bouï disi sans dépit,
Ma quéstiou n'és pos éstrangèro;
Pér estré quicon sus la terro
Caldra fa maï qué Jésu-Chrit.
Approufoundissets moun silénço,
Soun oubligeat dé m'arrésta.
    Alors beïréts etc.

CÉ MÉ SOUN TROUMPAT ÉSCUZAI-MÉ.

Aïré : *La pipe de tabac.*

Moun prémié méstié dé naïssénço,
Soun tournur sul bois et sul fer;
Ount trobi maï dé récoumpénço,
Quant soun à tournéja sul quer;   (*bis*)
E éntréprés quasqués coumercés,
Tant pla qué mal, é counéscut;
Aro certos faoù quasqués bersés,
Mélats d'amés manchés d'énbuts.   (*bis*)

Soun amatou dé l'éndustrio,
Réunissi quasqués méstiès,
E faït d'éstruméns d'harmounio
Passaploumén coumo d'oubriès ;   *(bis)*
Sans éngranachés, ni sans cauchos,
Qué soun lestés et dégourdits ;
E faït maï dé bint tournos-brochos,
Toutis charmans, toutis poulits.   *(bis)*

Maï rimos, cé boulets laoügèros,
Sourtissoun pas d'un grand ésprit,
Sans counsulta nostros grammairos
Bé faït et bé pos réfléchit ;   *(bis)*
Sans différa justiço rendi,
Cé boulets trouba un paouc d'ourrou
Aban dé parla bouï démandi
S'ès capablé dé fa millou.   *(bis)*

Ténets aquésté, lé quatrièmé,
Dabort mi soun pos appliquat ;
Soun counténtd'un plasé extrêmé
Dé bésé ço qué counserbat ;   *(bis)*
La soulitudo aï philosophos,
Aï ribouturs lés cabaréts,
Quas quos coquétos pél las coffos,
As poètos lés roubinéts.   *(bis)*

LÉ SÉRMÉN.

Aïré : *Elle grandit cette sainte canaille.*

Countrariots qu'és traïto l'existénço
Quant on réclamo la justo rasou,
Qu'on bol dél bé remplassa la souffrénço,
Sus la terro qu'on pot fa dé millou.   *(bis)*

Faoü moun sermén, abeï nou bouï désplaïsé,
Ço qué déclari boli sousténi,
Ét dé boun cor mé métrios à moun aïsé,
D'amé bous aoüs sé mé caïllo mouri. *(bis)*

Traspourtadis sus la ribo éstrangèro,
Digaï-mé qui nous y a coumandats;
Nostré boun cor soulatgeo la misèro,
Nostrés amics qué nous an régrétats. *(bis)*

    Faoü moun sermén, etc.

Sans exceptiou régardaï-nous qu'un calmé,
Qu'un froun sérén, qu'uno naïbétat;
C'ès injusté, qué qualqu'un ba réclamé,
Ço qué boulén pél la poustéritat. *(bis)*

    Faoü moun sermén etc.

Quant un facart émbucat d'ignourénço,
A rasounat aoütant mal qu'a pouscut,
Cé Jupiter à moun bras sa pussénço,
L'abio guidat sario éstat coufoundut. *(bis)*

    Faoü moun sermén etc.

VOUS ME FAITES RIRE.

Air : *Femmes qui voulez éprouver.*

Messieurs en chantant le patois,
Je suis étonné qu'on me pince,
Je vous dis franchement je crois
Embellir la belle province;

Vous qui voulez vous distinguer
Par un esprit un peu satyre.
Au pied du mur on voit l'ouvrier, *(bis)*
Ah! messieurs vous me faites rire.

Quand on veut flatter de Jasmin
Médiocrement son ouvrage,
Heureux! qui possède la main
Pour tracer pareil assemblage;
Je ne prétends pas l'imiter,
A son talent non je n'aspire.
Au pied du mur etc.

Non, je ne peux dans mes essais
Aussi légers que fine gaze,
Oser vous chanter le français,
De tous mes vers la simple phrase;
Quand on a vu de Béranger
L'encens sublime de sa lyre.
Au pied du mur etc.

Quand d'un auteur à distinguer,
Maintes fois j'entends qu'on critique,
C'est ce qu'on ne peut supporter;
D'un raissonnement politique,
Naïvement on doit parler,
Ah! voilà ce que l'on admire.
Au pied du mur etc.

Castelnaudary. L. GROC, Imp.-Lib.

www.ingramcontent.com/pod-product-compliance
Lightning Source LLC
Chambersburg PA
CBHW060725050426
42451CB00010B/1627